Hallo! Ich bin Anoki.
Für jede fertige Seite
malst du eine Wolke aus.

2/3 4/5 6/7 8/9

10/11 12/13 14/15 16/17 18/19

20/21 22/23 24 25 26 27 28

29 30/31 32/33 34/35 36/37 38

39/40/41 42 43 44 45 46 47 48

Jede Silbe hat einen König (Selbstlaut/Vokal).

Die Könige sind Aa Ee Ii Oo Uu.

Ast   Nase   Elefant

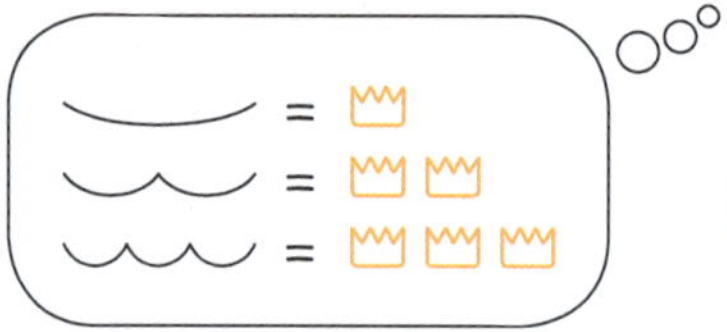

■ Ergänze die Könige. Setze die Silbenbögen.

Sch k l d

B tt

T ss

S l t

Schreibe und markiere die Könige. Setze die Silbenbögen.

Hase

Wörter bestehen aus Silben. Jedes Wort hat mindestens eine Silbe.

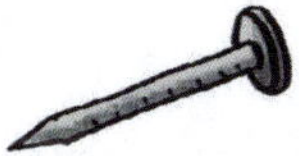   

Aa Ee Ii Oo Uu

Aa Ee Ii Oo Uu

- Markiere die Könige.
  Wie viele Silben und Könige hat das Wort? Trage ein.

Hose	Spinat	Krokodil	Buch
Silben: 2	Silben: ______	Silben: ______	Silben: ______
: 2	: ______	: ______	: ______

Telefon	Glas	Dame	Apfel
Silben: ______	Silben: ______	Silben: ______	Silben: ______
: ______	: ______	: ______	: ______

Markiere die Könige. Setze die Silbenbögen.
Wie viele Silben und Könige hat das Wort? Trage ein.

Bild

Silben: ______

: ______

Giraffe

Silben: ______

: ______

Marmelade

Silben: ______

: ______

Lose

Silben: ______

: ______

Tulpe

Silben: ______

: ______

Wunder

Silben: ______

: ______

Saft

Silben: ______

: ______

Computer

Silben: ______

: ______

Aa Ee Ii Oo Uu

Auch Au au Ei ei Eu eu sind Könige.

Ergänze die Könige. Setze die Silbenbögen.

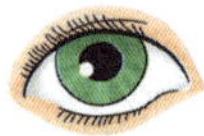
Auge

Daumen

Eule

Papagei

Bein

Astronaut

Eis

Ameise

Schreibe und markiere die Könige. Setze die Silbenbögen.

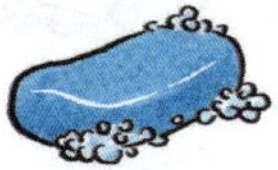

Seife

Au au | Ei ei | Eu eu

Au au Ei ei Eu eu

- Markiere die Könige. Setze die Silbenbögen.
  Wie viele Silben und Könige hat das Wort? Trage ein.

Schneider	Feuerwerk	Traube	Schwein
Silben: 2	Silben: ______	Silben: ______	Silben: ______
: 2	: ______	: ______	: ______

Heu	Staubsauger	Reise	Baum
Silben: ______	Silben: ______	Silben: ______	Silben: ______
: ______	: ______	: ______	: ______

Markiere die Könige. Setze die Silbenbögen.
Wie viele Silben und Könige hat das Wort? Trage ein.

Leuchtturm	Seil	Flugzeug	Fledermaus
Silben: ___	Silben: ___	Silben: ___	Silben: ___
Könige: ___	Könige: ___	Könige: ___	Könige: ___

Ei	Schraube	Brautkleid	Beule
Silben: ___	Silben: ___	Silben: ___	Silben: ___
Könige: ___	Könige: ___	Könige: ___	Könige: ___

Auch Ä ä Ö ö und Ü ü sind Könige.

▪ Ergänze die Könige. Setze die Silbenbögen.

L w

B ren

T r

M w

l

K f r

K ken

T t

Ää Öö Üü

- Schreibe und markiere die Könige.
  Setze die Silbenbögen.

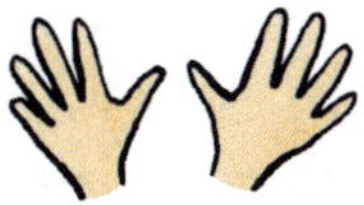

Test 1, S. 45

- Anoki hat von Luna eine Einladung zum Geburtstag bekommen. Leider sind viele Könige verschwunden. Hilf Anoki und ergänze die fehlenden Könige.

Lieber Anoki,

__ch möchte dich gerne zu meinem G__b__rtst__g einladen. Wir tr__ffen uns am S__mst__g um 15 Uhr vor deinem Baumh____s.

Dann w__llen wir gemeinsam einen Ausflug m__t unserem K__n__ machen. Anschließend werden wir __m L__g__rf____ __r sitzen und Stockbrot essen.

Ich freue m__ch, wenn d__ kommst.

D____n__ Luna

- Anoki freut sich sehr über Lunas Einladung. Vor lauter Freude möchte er gleich ein Wettrennen mit seinem Hund machen. Anoki und sein Hund rennen kreuz und quer durch den Garten.
  Spure den Weg der beiden in einer jeweils anderen Farbe nach.

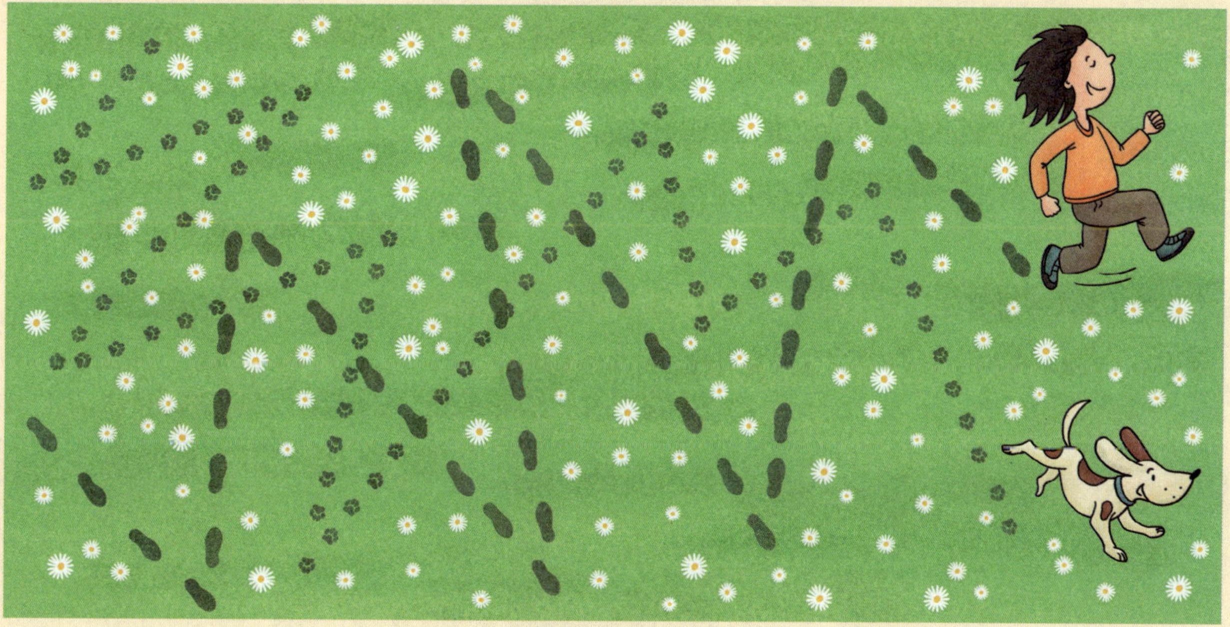

Die erste Silbe in einem Wort ist offen oder geschlossen.

Steht ein Selbstlaut (Vokal) am Ende der ersten Silbe, klingt er lang.

Tafel

- Lies und markiere die Selbstlaute (Vokale).
  Setze die Silbenbögen.

Bruder	Pfeife	Ruder	Nebel
Dose	Kugel	Beute	Regen

Offene Silbe

- Lies und setze die Silbenbögen. Markiere die Selbstlaute (Vokale).

Nadel	Tage	jagen	rufen
Besen	Vase	baden	leben

- Wie klingen die Selbstlaute (Vokale) in der ersten Silbe bei diesen Wörtern? Kreuze an.

☐ Der Selbstlaut (Vokal) klingt lang. Die erste Silbe ist offen.

☐ Der Selbstlaut (Vokal) klingt kurz. Die erste Silbe ist geschlossen.

Steht ein Mitlaut (Konsonant) am Ende der ersten Silbe, klingt der Selbstlaut (Vokal) davor kurz. Die erste Silbe ist dann geschlossen.

Tante

- Lies. Markiere die Selbstlaute (Vokale). Setze die Silbenbögen.

Äste	Winter	Wolke	Rampe
Mantel	Schwester	Onkel	Falter

Geschlossene Silbe

- Lies. Markiere die Selbstlaute (Vokale). Setze die Silbenbögen.

halten	zelten	helfen	denken
winken	danken	trinken	zünden

- Wie klingen die Selbstlaute (Vokale) in der ersten Silbe bei diesen Wörtern? Kreuze an.

☐ Der Selbstlaut (Vokal) klingt lang. Die erste Silbe ist offen.

☐ Der Selbstlaut (Vokal) klingt kurz. Die erste Silbe ist geschlossen.

Offene oder geschlossene erste Silbe? Kreuze an.

Nagel	☐	☐
Weste	☐	☐
laufen	☐	☐
Wespe	☐	☐
melken	☐	☐
stören	☐	☐

Ofen	☐	☐
hören	☐	☐
Pilze	☐	☐
Kälte	☐	☐
schlafen	☐	☐
lenken	☐	☐

■ Offene oder geschlossene erste Silbe? Kreuze an.

Pinsel	☐	☐
Hafen	☐	☐
Kater	☐	☐
Tüte	☐	☐
Säfte	☐	☐
Schale	☐	☐

Tante	☐	☐
Kinder	☐	☐
Hefte	☐	☐
Schule	☐	☐
Dame	☐	☐
Stunde	☐	☐

Das ie steht am Ende der ersten Silbe und klingt lang.

Die erste Silbe ist dann offen.

Briefe

- Lies. Markiere ie. Setze die Silbenbögen.

lieben fliegen schieben siegen

spielen liegen wiegen schielen

Schreibe. Markiere ie. Setze die Silbenbögen.

Das i in der ersten Silbe klingt kurz, wenn diese Silbe mit einem Mitlaut (Konsonanten) endet. Die erste Silbe ist dann geschlossen.

Kinder

- Lies. Markiere i. Setze die Silbenbögen.

Insel	Kiste	Filme	Rinde
Windeln	Linsen	Bilder	Schilder

Schreibe. Markiere die Selbstlaute (Vokale). Setze die Silbenbögen.

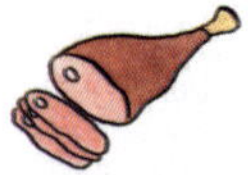

Es gibt Wörter, in denen ein i am Ende einer Silbe steht und langgesprochen wird. Diese Wörter sind Merkwörter **M**.
Igel, Biber, Maschine, Medizin, Rosinen, prima, Kiwi, Iglu

Offene oder geschlossene erste Silbe? Kreuze an.

Insel	☐	☐
schieben	☐	☐
finden	☐	☐
Tiere	☐	☐
binden	☐	☐
Fieber	☐	☐

spielen	☐	☐
Tiefe	☐	☐
Fliese	☐	☐
fliegen	☐	☐
Silbe	☐	☐
Rinder	☐	☐

Test 2, S. 46

- In dem Suchsel haben sich acht Merkwörter mit **i** versteckt. Hilf Anoki beim Finden der Wörter.

U	I	U	Q	M	E	D	I	Z	I	N	B	D	N	M	G	Z	A
X	X	T	M	N	S	C	H	B	D	E	L	J	D	G	O	U	C
M	N	M	A	S	C	H	I	N	E	H	G	T	S	R	T	U	W
S	C	Q	X	Q	C	U	N	P	O	V	E	J	D	Z	H	K	E
S	D	G	S	K	S	F	D	K	H	K	I	I	W	G	G	P	O
R	A	C	P	O	K	I	G	L	U	G	Z	Z	A	B	C	U	H
O	F	M	N	O	Q	G	W	M	W	I	B	I	B	E	R	A	K
S	F	Z	R	S	T	E	K	O	R	T	W	G	A	B	E	M	S
I	N	Y	Z	X	E	L	I	D	D	K	F	K	Z	F	K	L	P
N	E	S	D	K	D	R	W	B	A	X	X	F	Z	L	Z	J	J
E	E	T	K	X	S	R	I	J	L	U	J	L	U	S	U	S	R
N	T	A	S	Z	Z	O	S	A	E	R	O	A	S	B	S	B	O
S	R	M	E	B	U	L	F	L	E	U	J	O	R	U	O	T	U
Y	L	P	R	I	M	A	A	P	T	T	N	E	A	M	W	Q	P

Das o in Sonne klingt nicht lang wie in Oma, sondern kurz wie in Wolke.

Hörst du nach einem kurzen Selbstlaut (Vokal) nur einen Mitlaut (Konsonanten), musst du ihn verdoppeln.

- Lies. Markiere die Selbstlaute (Vokale). Setze die Silbenbögen.

Sommer Tanne Ritter Hummel

- Wie klingen die Selbstlaute (Vokale) in der ersten Silbe bei diesen Wörtern? Kreuze an.

☐ Der Selbstlaut (Vokal) klingt lang. Die erste Silbe ist offen.

☐ Der Selbstlaut (Vokal) klingt kurz. Die erste Silbe ist geschlossen.

- Doppelt oder nicht? Schreibe. Markiere die Selbstlaute (Vokale). Setze die Silbenbögen.

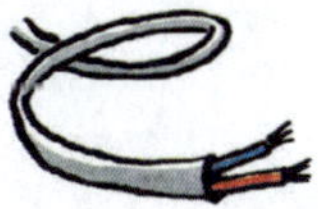

ck oder **tz** stehen nach einem kurzen Selbstlaut (Vokal). Jacke Hitze

Die erste Silbe ist geschlossen.

- Schreibe. Markiere die Selbstlaute (Vokale). Setze die Silbenbögen.

ch kann in offenen Silben 🔓 nach einem langen Selbstlaut (Vokal) stehen: su**ch**en.

ch kann auch in geschlossenen Silben 🔒 nach einem kurzen Selbstlaut (Vokal) stehen: Sa**ch**en.

■ Offene oder geschlossene erste Silbe? Kreuze an.

	🔓	🔒
kriechen	☐	☐
lachen	☐	☐
riechen	☐	☐

	🔓	🔒
buchen	☐	☐
sprechen	☐	☐
kochen	☐	☐

Test 3, S. 47

Vor **pf** und **ng** wird der Selbstlaut (Vokal) immer kurz gesprochen 🔒.
Apfel Ringe

■ Schreibe. Markiere die Selbstlaute (Vokale). Setze die Silbenbögen.

- Schreibe. Markiere die Selbstlaute (Vokale). Setze die Silbenbögen.

- Auf Seite 33 fehlen sechs Dinge im Bild. Finde sie heraus und ergänze sie.

Wörter, in denen die zweite Silbe mit dem Mitlaut (Konsonanten) **h** beginnt, musst du dir besonders merken. Der Selbstlaut (Vokal) in der ersten Silbe klingt hier lang. Die erste Silbe ist dann offen.

- Lies. Markiere die Selbstlaute (Vokale).
  Setze die Silbenbögen.

Ruhe	mähen	Truhe	Nähe
wehen	drehen	Mühe	stehen

- Schreibe. Markiere die Selbstlaute (Vokale). Setze die Silbenbögen.

- Wie klingen die Selbstlaute (Vokale) in der ersten Silbe bei diesen Wörtern? Kreuze an.

☐ Der Selbstlaut (Vokal) klingt lang. Die erste Silbe ist offen.

☐ Der Selbstlaut (Vokal) klingt kurz. Die erste Silbe ist geschlossen.

■ Lies. Markiere die Selbstlaute (Vokale). Setze die Silbenbögen.

Garten	Erde	Gurke	lernen
Wörter	turnen	Murmel	Störche
Pferde	Morgen	dürfen	Karten

- Schreibe. Markiere die Selbstlaute (Vokale).
  Setze die Silbenbögen.

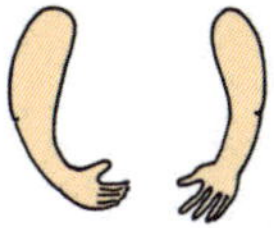

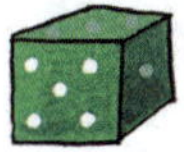

Offene oder geschlossene erste Silbe? Kreuze an.

Zunge	☐	☐
tragen	☐	☐
schneiden	☐	☐
Berge	☐	☐
kaufen	☐	☐

turnen	☐	☐
sparen	☐	☐
Zwerge	☐	☐
backen	☐	☐
Ziele	☐	☐

Viele Wörter mit zwei Silben haben **e** in der zweiten Silbe.
Es ist schwer zu hören.

Tage   Esel   laufen

- Lies. Markiere die Selbstlaute (Vokale).
  Setze die Silbenbögen.

Brille	geben	leben	Leute
Stiefel	**Vögel**	**Löwe**	**schnarchen**

*Ich nenne das **e** in der zweiten Silbe „**leichtes e**". Es klingt nämlich leicht wie eine Feder.*

▪ Ergänze die Selbstlaute (Vokale). Setze die Silbenbögen.

Ente

Tafel

Insel

Stifte

Pflaume

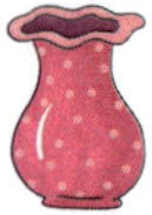

Vase

Vogel

Hunde

e in der zweiten Silbe

In der zweiten Silbe ist **er** schwer zu hören. Oft klingt es wie a.

Hamm**er** Wass**er**

Schreibe. Markiere die Selbstlaute (Vokale). Setze die Silbenbögen.

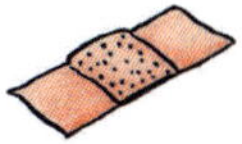

Wörter mit **a** am Ende der zweiten Silbe sind Merkwörter M.
Diese Wörter musst du dir merken: Om**a**, Op**a**, Mam**a**, Sof**a**, lil**a**, ros**a**, Pizz**a**, Zebr**a**, Pum**a**, Lam**a**, Pand**a**, Saun**a**, Yog**a**.

■ Welche Wörter enden mit a in der zweiten Silbe? Kreuze an.

☐  ☐  ☐  ☐ 

☐  ☐  ☐  ☐ 

☐  ☐  ☐  ☐ 

Test 4, S. 48

- Anoki sucht seinen Hund. Hilf ihm beim Suchen. Finde den richtigen Weg durch das Labyrinth.

- Male richtig an.

Au Ei Eu Ä Ö Ü

- Ergänze die Selbstlaute (Vokale). Setze die Silbenbögen.

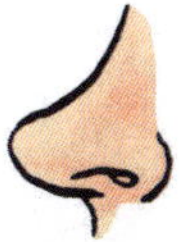

N s

K pf

nt

B tt n

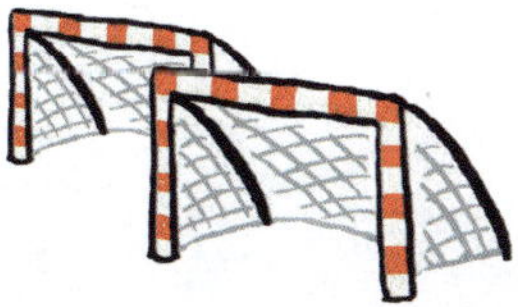

T r

M tz

J ck

M ss r

16

■ Offene oder geschlossene erste Silbe? Kreuze an.

kitzeln	☐	☐
singen	☐	☐
sagen	☐	☐
horchen	☐	☐
niesen	☐	☐
zwingen	☐	☐

fegen	☐	☐
lesen	☐	☐
flüstern	☐	☐
knicken	☐	☐
kommen	☐	☐
wippen	☐	☐

☐ / 12

Schreibe. Markiere die Selbstlaute (Vokale). Setze die Silbenbögen.

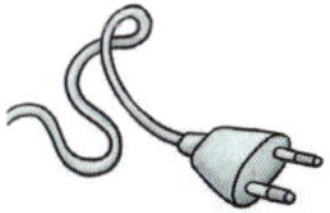

24

- Offene oder geschlossene erste Silbe? Kreuze an.

Pfanne	☐	☐
werfen	☐	☐
Kleider	☐	☐
Schatten	☐	☐
fangen	☐	☐
schenken	☐	☐

Schnupfen	☐	☐
lieben	☐	☐
rufen	☐	☐
Ampel	☐	☐
reiten	☐	☐
Räder	☐	☐

☐ / 12